Man darf mit dem Glück nicht drängelig sein

Ein Leseprojekt
zu dem
gleichnamigen Roman
von Kirsten Boie

erarbeitet
von
Jutta Hinne-Fischer

Illustrationen
von
Ulrike Selders

Cornelsen

Inhaltsverzeichnis

Kapitel 1

Anna kommt nach Hause. Sie hört die Stimme ihrer Mutter. Die Mutter sitzt im Wohnzimmer auf dem Teppichboden und telefoniert. „Und ob du das tun wirst!“, sagt sie bestimmend. Anna kennt diesen Ton ihrer Mutter gut. Wenn sie so spricht, ist es sinnlos, ihr zu widersprechen. „Versuche nicht, dich rauszureden. Für mich ist das eine einmalige Gelegenheit. Ich werde sie nutzen.“

Anna zieht leise ihre Schuhe aus und stellt sie in den Flur. Sie sieht in Magnus' Zimmer. Magnus ist ihr siebenjähriger Bruder. Er blättert in einem seiner großen Tierbücher. „Aber sicher wirst du das tun!", sagt die Mutter laut. Wer da wohl am anderen Ende der Leitung ist? Anna lauscht gespannt. „Eben! Genau! Es sind ja auch deine Kinder", sagt die Mutter. Anna beobachtet, wie sie kurz darauf den Hörer auf den Apparat knallt. Dann haut sie mit der flachen Hand auf den gelben Fleck auf dem Teppich. Dort hatte Linnea, Annas Schwester, vor ein paar Wochen Saft verschüttet. Linnea ist vier. „Das werden wir ja sehen!", sagt die Mutter vor sich hin und steht auf. Erst jetzt bemerkt sie Anna. „Oh, du bist schon wieder da! Ich glaube, ich habe bald eine Überraschung für euch!"

Drei Tage später sitzen die Mutter, Anna, Magnus und Linnea um den Wohnzimmertisch herum. Sie spielen Monopoly für Kinder. „Ich will noch mehr grüne Häuschen", sagt Linnea bestimmt zum fünften Mal. „Jetzt bin ich erst mal an der Reihe", meckert

Magnus. Er nimmt den Würfel. Magnus geht schon in die erste Klasse. Er kennt die Spielregeln von Monopoly. „Außerdem kapierst du das Spiel ja gar nicht“, sagt er ärgerlich zu Linnea.

„Tu ich doch“, mault Linnea. Sie zählt wütend ihre Geldscheine. „Dreizehn, neunzehn, tausend! Damit kann ich kaufen, was ich will!“ Sie wirft ihre Scheine auf den Tisch.

„Mit solch einem Baby kann man doch nicht spielen!“ Anna steht auf und sieht ihre Mutter wütend an. „Das habe ich doch gleich gesagt!“

Anna ist fast schon elf.

Die Mutter hatte unbedingt gewollt, dass sie alle gemeinsam ein Spiel spielen.

Anna wendet sich ab.

„Halt, warte!“ Die Mutter hält Anna zurück. „Ich möchte euch noch die Überraschung … Ich … Also, ihr …“, stammelt sie. Dann sagt sie: „Ihr fahrt im Sommer mit Papa in Urlaub.“

„Was?“ Anna schreit fast. „Papa hat doch jetzt eine Freundin. Da will er doch bestimmt nicht mit uns Kindern Urlaub machen!“

Magnus steht leise auf und geht aus dem Zimmer. Linnea läuft ihm nach.

Die Mutter zieht Anna zu sich. „Komm, lass uns in Ruhe reden.“

Fortsetzung folgt

1. Du hast in Kapitel 1 eine Mutter und ihre drei Kinder kennengelernt. Hier stellen sie sich noch einmal vor. Ergänze die fehlenden Buchstaben.

Ich bin Annas _ _ _ d _ _.

Ich heiße _ _ g _ _ _.

Ich bin Annas _ _ t t _ _.

Ich bin Annas S c h _ _ _ _ _ _.

Ich heiße _ _ n n _ _.

Ich bin _ n n _.

2. Die Kinder haben T-Shirts, auf denen ihr Alter steht. Welches T-Shirt gehört welchem Kind? Verbinde die Sätze mit den passenden T-Shirts.
Tipp: Lies noch einmal Seite 4 und 5.

Dieses T-Shirt gehört Linnea.

Dieses T-Shirt gehört Magnus.

Dieses T-Shirt gehört Anna.

3. Wie alt sind Anna, Magnus und Linnea? Vervollständige die Sätze.

_______________ *ist vier Jahre alt.*

Magnus _______________ *alt.*

Anna ist _______________.

**4. Anna hört ihre Mutter telefonieren.
Die Mutter sagt ins Telefon:
„Es sind ja auch deine Kinder."
Mit wem telefoniert die Mutter wohl?
Kreuze an.**

- ❑ Die Mutter telefoniert mit der Tante der Kinder.
- ❑ Die Mutter telefoniert mit dem Onkel der Kinder.
- ❑ Die Mutter telefoniert mit dem Vater der Kinder.

**5. Die Mutter und die Kinder spielen ein Brettspiel.
Welches Spiel spielen sie?
Ergänze die fehlenden Vokale (Selbstlaute).**

Die Mutter und die Kinder spielen
M _ n _ p _ l y.

6. Die Mutter hat eine Überraschung für ihre Kinder.
   Was sagt sie zu ihnen?
   Ergänze den Satz in der Sprechblase.
   Tipp: Lies noch einmal Seite 5.

7. Anna glaubt nicht, dass der Vater Urlaub mit den Kindern machen will.
   Welchen Grund nennt sie dafür?
   Ergänze den Satz in der Sprechblase.
   Tipp: Lies noch einmal Seite 5.

Kapitel 2

Während Anna und ihre Mutter das Monopoly-Spiel wegräumen, denkt Anna an früher. Sie erinnert sich an den Tag, als der Vater auszog. Zwei Jahre ist das nun her. Ihre Eltern hatten sich sehr oft gestritten. Einmal warf der Vater sogar den Taschenkalender nach der Mutter. Ein anderes Mal gab die Mutter dem Vater eine Ohrfeige. Anna schrie so lange: „Nicht! Nicht! Das dürft ihr nicht!“, bis sie endlich aufhörten. Magnus saß still in der Ecke.

Linnea war damals noch ganz klein.

Die erste Zeit nach der Trennung hatte Magnus zu nichts mehr Lust. Er wollte nicht mal mehr in den Kindergarten gehen.

Anna hingegen hatte keine Wahl. Sie musste in die Schule.

Für Anna hatte die Trennung der Eltern aber auch etwas Gutes: Es gab zu Hause keinen Streit mehr.

Von da an besuchten Anna und Magnus den Vater an den Wochenenden. Er hatte jetzt eine andere Wohnung. Linnea blieb bei der Mutter. Sie war noch zu klein.

Dann lernte der Vater diese Frau kennen: Irene. Anna und Magnus sollten Irene nett finden. Das wünschte sich der Vater. Aber Anna mochte Irene nicht. Am allerschlimmsten fand Anna den Sohn von Irene, Friedrich.

Er war nur wenig älter als Anna. Der Vater meinte, dass sie deshalb prima miteinander spielen könnten. Aber Anna will nicht mit Friedrich spielen.

„Das kann Papa doch nicht ernst meinen!“, dachte Anna damals. „Irene und Friedrich haben mir meinen Papa weggeschnappt! Ich will zu denen nicht freundlich sein!“
Anna wollte, dass Mama und Papa wieder zusammen sind. Und das will Anna noch immer.

Nach dem Aufräumen setzt sich die Mutter mit Anna zum Reden in die Küche. Sie gießt sich und Anna einen Saft ein.
„Nie und nimmer will Papa mit uns verreisen. Tausendmal lieber verreist er doch mit dieser blöden Irene!“, sagt Anna wütend.
„Moment, Anna“, sagt die Mutter. „Ich muss dir noch etwas erklären.“ Sie trinkt einen Schluck Saft.
„Ich hatte für uns vier für den Sommer ein Haus in Schweden gemietet. Es ist eher klein, aber auch preiswert. Ich hab mich schon richtig darauf gefreut. Doch dann sagten sie mir in der Firma, dass ich eine Fortbildung machen kann. Die findet aber genau in unseren Ferien statt!“
Anna nickt. „Und dann hast du mit Papa telefoniert …“
„Ja, verstehst du? Ich kann nach dieser Fortbildung eine viel bessere Arbeit bekommen.“
„… und viel mehr Geld verdienen“, fügt Anna hinzu.
Die Mutter lacht.

Eigentlich kann Anna ihre Mutter verstehen.

Aber sie will nicht mit ihrem Vater nach Schweden.

„Papa will bestimmt lieber mit Irene Urlaub in Italien machen."

„Nein, das will Irene nicht. Weil sie …"

Die Mutter stockt.

Anna wartet.

„Ach, das sollte dir dein Vater besser selbst erklären", sagt die Mutter. „Jedenfalls fährt er jetzt mit euch. Bestimmt freut er sich auch."

Anna bekommt plötzlich einen Schreck.

„Irene und Friedrich kommen doch nicht etwa mit nach Schweden?", fragt sie.

„Nein, sie kommen nicht mit. Da bin ich mir ganz sicher."

„Ach ja?" Anna ist sich da nicht so sicher.

Fortsetzung folgt

**1. Die Eltern von Anna haben sich getrennt.
Sind die Sätze richtig oder falsch?
Kreuze an.**

	richtig	falsch
Vor der Trennung haben sich die Eltern sehr oft gestritten.	❑	❑
Nach der Trennung will Magnus nicht mehr in den Kindergarten gehen.	❑	❑
Nach der Trennung sehen die Kinder den Vater nicht wieder.	❑	❑
Nach der Trennung gab es zu Hause keinen Streit mehr.	❑	❑
Nach der Trennung lernt der Vater eine neue Frau kennen.	❑	❑
Nach der Trennung kümmert sich der Vater nicht mehr um seine Kinder.	❑	❑
Nach der Trennung besuchen Anna und Magnus ihren Vater an den Wochenenden.	❑	❑

2. Warum haben sich Annas Eltern getrennt?

a) Ergänze die fehlenden Nomen (Namenwörter) im Lückentext.

Eltern / Streit / Liebe / Paar / Trennung / Kinder

Die Eltern von Anna, Magnus und Linnea waren früher ein P________ . Sie hatten sich lieb und bekamen drei K________ .

Nach einigen Jahren hatten sie immer häufiger S________ . Sie konnten nicht länger zusammenleben, denn ihre L________ reichte dazu nicht mehr aus. Sie trennten sich.

Nach der T________ haben die Eltern ihre Kinder aber noch genauso lieb wie zuvor. Sie bleiben die E________ von Anna, Magnus und Linnea.

b) Schreibe nun den Text vollständig in dein Heft.

**3. Anna will zu Irene und Friedrich nicht freundlich sein.
Was denkt sie über die beiden?
Beantworte die Frage mit eigenen Worten.
Schreibe einen vollständigen Satz auf die Linien.
Tipp: Lies noch einmal Seite 12.**

**4. Annas Vater lebt nun mit Irene und Friedrich zusammen.
Wie fühlt sich Anna wohl, wenn sie an Irene und Friedrich denkt?
Kreise die passenden Adjektive (Wiewörter) ein.**

unglücklich glücklich machtlos

wütend lustig hilflos

zufrieden eifersüchtig

5. **Die Kinder werden nach Schweden in Urlaub fahren.**
Welches Meer liegt zwischen Deutschland und Schweden?

a) **Sieh gemeinsam mit einer Partnerin oder einem Partner in einem Atlas nach.**

b) **Ergänze nun die fehlenden Buchstaben.**

Zwischen Deutschland und Schweden liegt

die _ _ _ see.

6. **Die Mutter hat für den Urlaub ein Haus in Schweden gemietet.**
Wo kann man Häuser für den Urlaub mieten?
Male das richtige Geschäftshaus farbig aus.

7. Die Mutter will an einer Fortbildung teilnehmen. Was ist eine Fortbildung?

a) Lies den folgenden Sachtext.

Fortbildung für Erwachsene

Bei einer **Fortbildung** lernen Erwachsene etwas für ihren Beruf oder ihre Arbeit hinzu. Es gibt zum Beispiel Fortbildungen für die Arbeit mit dem Computer oder zum Erlernen einer Fremdsprache, etwa Englisch. Nach der Fortbildung verdienen die Teilnehmer manchmal mehr Geld in ihrem Beruf. Manche Teilnehmer erhalten danach eine bessere Arbeit.

b) Weshalb kann sich eine Fortbildung lohnen? Beantworte die Frage mit eigenen Worten. Schreibe vollständige Sätze auf die Linien.

Kapitel 3

Am Tag vor der Abfahrt will Anna noch immer nicht nach Schweden. Magnus und Linnea freuen sich auf den Urlaub. Magnus packt seine Bücher über Bäume und Vögel und andere Tiere ein. Linnea hockt im Wohnzimmer und stapelt ihre Sachen in einen Puppenkoffer. Anna guckt ihr dabei zu. Ganz oben auf dem Stapel liegt Linni.

Den Namen Linni hat Linnea ihrer Puppe selbst gegeben. Es ist ihre Lieblingspuppe. Um den Koffer zu schließen, setzt sich Linnea auf den Deckel. Anna hört, wie es knackt. „Du drückst ja deine Puppe kaputt“, sagt sie. Sie hilft Linnea jedoch nicht. Sie hat jetzt selbst oft das Gefühl, dass ihr nicht geholfen wird. Ihre eigenen Sachen musste sie auch ganz allein packen. Am nächsten Tag sitzen Papa, Anna, Magnus und Linnea im Auto. Sie sind auf dem Weg nach Schweden. Anna darf als Älteste vorn neben dem Vater sitzen. „Wenn du so schnell fährst, kriegt Linni Angst, Herr Schulze“, sagt Linnea plötzlich von hinten. Der Vater lacht und fährt etwas langsamer. „Warum sagst du Herr Schulze zu mir, Linnea?“, fragt er. „Man darf nicht zu allen Menschen du sagen, Herr Schulze. Das machen nur Babys.“ Der Vater räuspert sich. „Ja, natürlich, Linnea. Aber ich bin doch dein Papa.“

Erst nach mehreren Stunden Fahrt erreichen sie den Hafen. Vor ihnen liegt ein großes Schiff, die Fähre nach Schweden. Sie fahren über eine Brücke durch eine riesengroße Öffnung in das Schiff. Magnus hat ein bisschen Angst, dass das Schiff untergeht. Es sind so viele Autos in seinem Bauch geparkt.

Aber der Vater beruhigt ihn.

Anna trägt einen Korb mit Essen nach oben an Deck des Schiffes. Den Korb hat ihre Mutter gepackt. Der Vater hat eine Kühltasche dabei. Die vier setzen sich in die Sonne. Anna packt den Korb aus. Es sind Minisalamis, Milchschnitten und Schokozwieback darin. Lauter Sachen, die es sonst zu Hause nicht gibt.

„Irene hat auch etwas für euch mitgegeben“, sagt der Vater. Er holt Brote, Äpfel und Wackelpudding aus der Kühltasche.

Linnea durchwühlt die Tasche. „Cola!“, schreit sie. „Cola ist nicht gut für Kinder, Herr Schulze. Sag das mal der Irene!“ Schnell nimmt sie sich eine Dose Cola und einen Wackelpudding. „Anna?“, fragt der Vater und hält ihr eine Dose hin. Anna schüttelt den Kopf. „Ich mag keine Cola“, sagt sie. Das ist aber gelogen. „Solche Lügen zählen nicht“, denkt Anna.

„Magnus?“ Der Vater hält nun auch Magnus eine Dose hin.

Anna starrt Magnus an.

Da schüttelt auch Magnus den Kopf.

„Ich will nichts“, sagt er.

Der Vater guckt enttäuscht. Er erlaubt Magnus, dass er sich das Schiff anschauen geht.

Anna isst ganz allein den Schokozwieback.

Linnea löffelt den Wackelpudding und trinkt Cola dazu.

Anna sagt, dass Linnea deshalb nachts bestimmt nicht schlafen kann.

Aber der Vater sagt: „Heute ist mal eine Ausnahme. Heute darf Linnea Cola trinken.“

„Da siehst du es, Herr Schulze ist viel lieber als Mama“, sagt Linnea zufrieden zu Anna.

Fortsetzung folgt

1. Anna, Magnus und Linnea haben für den Urlaub gepackt. Wem gehört welcher Koffer? Wem gehört die Reisetasche? Schreibe die passenden Namen auf die Linien.

**2. Linnea sagt nicht „Papa“ zu ihrem Vater.
Was sagt sie zu ihm?
Vervollständige den Satz.
Tipp: Lies noch einmal Seite 20.**

Linnea sagt „H _ _ _ S c h _ _ _ _“

zu ihrem Vater.

**3. Linnea hat im Kindergarten gelernt, dass man nicht zu allen Menschen „du“ sagt.
Zu wem sagt man „du“?
Zu wem sagt man „Sie“?
Lies den folgenden Sachtext.**

Sie oder du?

Zu Kindern sagt man **„du“.** Erwachsene, mit denen man verwandt ist, spricht man ebenfalls mit „du“ an. Zu anderen Erwachsenen sagt man in der Regel **„Sie“.** Kennt man den Nachnamen eines Erwachsenen, sagt man auch **„Frau …“** oder **„Herr …“**

4. Wie sprichst du die folgenden Personen richtig an?
Schreibe Sie oder du auf die Linien.

eine Mitschülerin: ______

einen Nachbarn: ______

ein fremdes Kind: ______

deine Tante: ______

eine Lehrerin: ______

deinen Vater: ______

5. Anna sagt etwas zu ihrem Vater, das gelogen ist.
Was sagt sie?
Kreuze an.

- ☐ Ich mag kein Wasser.
- ☐ Ich mag Limonade.
- ☐ Ich mag Cola.
- ☐ Ich mag keine Cola.

6. Warum lügt Anna den Vater an?
Vervollständige den Satz.

Sie lügt, weil die Cola

von ______________________ ist.

dem Vater / der Mutter / Irene

7. Linnea weiß, dass Cola ungesund ist.
Sie trinkt aber dennoch Cola.
Was ist in Cola enthalten?
Lies den folgenden Sachtext.

Cola ist ungesund

Cola ist ein Getränk, das sehr viel **Zucker** enthält. Zucker schadet den Zähnen. Deshalb ist Cola ungesund. Cola enthält außerdem **Koffein** [sprich: Koffe-ihn]. Koffein ist besonders für Kinder schädlich. Es macht sie nämlich sehr unruhig. Wenn ein Kind zu viel Cola trinkt, kann es nachts nicht schlafen.

8. Warum ist Cola ungesund?
Ergänze die Sätze.

In Cola ist sehr viel _ _ c k _ _ enthalten.

Cola enthält _ _ f f _ _ _ .

Kapitel 4

In einem Hafen in Schweden fahren der Vater und die Kinder mit dem Auto wieder an Land. Der Vater schaut kurz auf einer Karte nach dem Weg. Dann geht die Fahrt weiter.

Linnea sieht, wie der Wald an ihnen vorbeifliegt. Sie erzählt etwas von Hexen. „Alles Quatsch“, sagt Magnus leise. „Hexen gibt es nicht.“ Anna guckt auch auf die Bäume am Straßenrand. Sie lehnt sich gemütlich in ihrem Sitz zurück. „Wie im Märchen“, denkt auch sie. Aber an Hexen denkt sie nicht.

Das kleine rote Haus liegt am Ende des Weges. Die Sonne wirft ein warmes Licht darauf. Das Haus sieht freundlich und gemütlich aus. Die letzten Meter muss der Vater sehr langsam fahren. Der Sandweg ist uneben. Er hat viele Hubbel, also viele kleine Erhöhungen. Durch die Bäume schimmert das Wasser eines Sees. Anna entdeckt einen Specht, der laut an einen Baumstamm klopft. „Vielleicht ist es doch ganz schön mit Papa, Magnus und Linnea in Schweden“, denkt sie. „Na, besten Dank!“, sagt der Vater plötzlich laut. „Das hätte ich mir denken können. Hier sind wir am Ende der Welt. Fast eine Viertelstunde bis zum nächsten Dorf!“ Der Vater macht ein böses Gesicht. In diesem Moment ist alles so, wie Anna es vorher schon befürchtet hatte.

Magnus steht in der Nähe des Hauses und guckt sich um. Anna und Linnea gehen mit dem Vater zur Haustür. Der Schlüssel liegt oben auf dem Türrahmen. So stand es auch in der Beschreibung vom Reisebüro. Der Vater steckt den Schlüssel ins Schloss und dreht ihn um. Linnea drängelt sich nach vorn. Sie ruft: „Abrakadabra!“ Dann drückt sie die Tür auf. Anna sieht sich im Haus erst einmal um. Sie geht von einem Zimmer ins nächste. Das Haus ist auch innen wunderschön. Auf dem Holzfußboden liegen überall bunte Teppiche. Am Fenster stehen Kerzen und auf jeder freien Fläche liegt ein Tischdeckchen. „Hier kann man es gut aushalten“, denkt Anna. Plötzlich gibt es irgendwo im Haus einen dumpfen Knall. „Ich fasse es nicht!“, brüllt der Vater. Er hat sich den Kopf gestoßen. Die Türen im Haus sind nämlich sehr niedrig. Richtig wütend sieht der Vater aus. Anna fürchtet, dass er jetzt gleich wieder nach Hause fahren will. Zum Glück sagt er aber nur: „Wenn ihr im Bett seid, schreibe ich an das Reisebüro. So geht das nicht! Hier kann sich kein erwachsener Mensch normal bewegen. Dafür verlange ich Geld zurück!“

Draußen wird es langsam dunkel. „Kommt, wir müssen noch das Auto ausräumen“, sagt der Vater. Kurz darauf hebt er die Koffer und die Reisetaschen aus dem Wagen. „Mensch, das hätte ich fast vergessen“, sagt er. Magnus sieht das lange Paket und weiß sofort Bescheid. „Eine Angel! Du bist aber lieb, Papa!“ Glücklich legt er die Arme um den Bauch seines Vaters. „Ja, morgen fahren wir alle zum See“, sagt der Vater. „Jetzt aber schnell ins Haus. Und nach dem Essen geht es ab ins Bett!“

Anna hört, wie der Vater in der Küche das Geschirr wegräumt. „Sicher wird er gleich den Brief an das Reisebüro schreiben“, denkt sie. Dann schläft sie ein.

Fortsetzung folgt

**1. Anna fühlt sich wie im Märchen.
Welche Märchen kennst du?
Schreibe ihre Namen auf die Linien.**

**2. Was geschieht in Märchen?
Unterstreiche die passenden Sätze farbig.**

In Märchen geschieht nichts Besonderes.

In Märchen wird oft gezaubert.

In Märchen erfährt man, wie das Wetter wird.

In Märchen können sich Menschen in Tiere verwandeln.

In Märchen werden die neuesten Nachrichten bekanntgegeben.

In Märchen werden oft Wünsche erfüllt.

In Märchen klären Detektive Morde auf.

In Märchen geschehen oft unglaubliche Dinge.

3. Linnea erzählt etwas von Hexen.
Hexen gibt es nur in Märchen.
Wie stellst du dir eine Hexe vor?
Male in den Rahmen.
Tipp: Hexen in Märchen haben oft einen Besen dabei. Sie tragen meist spitze Hüte und haben lange Nasen.

4. Linnea ruft „Abrakadabra“.
Das ist in Märchen ein Zauberwort.
Denke dir ein anderes Zauberwort aus.
Schreibe es auf die Linie.

5. Wie sieht das Haus in Schweden aus?

a) Lies den Satz unten.

b) Welche Wörter sind falsch?
Streiche sie durch.
Tipp: Lies noch einmal Seite 28.

c) Schreibe nun die richtigen Wörter auf die Linie darüber.

____

Das Haus sieht unfreundlich und ungemütlich aus.

6. Der Vater sagt:
„Hier sind wir am Ende der Welt."
Das ist eine Redewendung.
Was will der Vater damit sagen?
Kreuze an.

☐ Er will damit sagen, dass die Welt hinter dem Ferienhaus zu Ende ist.

☐ Er will damit sagen, dass in der näheren Umgebung des Ferienhauses nichts los ist. Es gibt dort keine Geschäfte und keine Nachbarn.

7. Anna entdeckt einen Vogel, einen Specht. Der Vogel klopft laut an einen Baumstamm. Warum tut er das?

a) Lies den folgenden Sachtext.

Der Specht

Der **Specht** fliegt von Baum zu Baum. Seine Füße haben **Krallen.** Mit den Krallen hält er sich am Baumstamm fest. Mit den Schwanzfedern stützt er sich zusätzlich ab. Der Specht hat einen harten **Schnabel.** Mit dem Schnabel schlägt er die Rinde des Baumes auf. Dieses Klopfen ist meist gut zu hören. Der Specht sucht unter der Rinde nach Nahrung. Da leben zum Beispiel Käfer. Mit seiner langen, klebrigen **Zunge** fängt der Specht die Käfer.

b) Sieh dir nun genau die Bilder auf Seite 35 an.

c) Sprecht in der Klasse darüber, was ihr auf den Bildern seht.

8. Beantworte die folgenden Fragen.
Tipp: Wenn du nicht weiterweißt, lies noch einmal den Sachtext auf Seite 34.

– Was macht der Specht mit den Krallen?

Mit den Krallen .

– Was macht der Specht mit dem Schnabel?

Mit dem Schnabel .

– Was macht der Specht mit der langen, klebrigen Zunge?

Mit .

Kapitel 5

Am nächsten Morgen gibt es das Frühstück im Garten. Die Sonne versteckt sich noch hinter ein paar Wolken. Doch mit einem Pullover über dem Schlafanzug ist es warm genug draußen. „Wenn ihr angezogen seid, sammelt ihr Würmer

fürs Angeln. Dann fahren wir zum See“, sagt der Vater. Er macht ein ernstes Gesicht. Kurz darauf laufen die Kinder zum Bach. Im Sand am Ufer leben viele Würmer. Anna buddelt mit Linneas kleiner Schaufel nach ihnen.

Sie hat auch Linneas gelben Eimer dabei. Magnus ruft, dass sie vorsichtig graben soll. „Du tust den Würmern sonst weh“, erklärt er. Da findet Anna die ersten Würmer. Sie setzt die Tierchen vorsichtig in den Eimer. Magnus gibt etwas Gras und Erde dazu, damit sich die Würmer wohlfühlen. Schon bald ist der Eimer voller Würmer.

Am See setzen sich die Kinder ins Boot. Der Vater schiebt es ganz allein vom Ufer ins Wasser. Dann springt auch er ins Boot. Es wackelt. Linnea muss sich gut festhalten. Anna darf rudern. Magnus hält die Angel in der Hand. Der Vater greift nach dem Eimer mit den Würmern. Er wühlt in der feuchten Erde und dem Gras nach einem Wurm. „Ich zeige dir jetzt, wie man den Köder an der Angel befestigt“, sagt der Vater. Er nimmt den Haken der Angel und will ihn durch einen Wurm stechen. Plötzlich begreift Magnus, was der Vater vorhat. „Hör auf, Papa, hör auf!“, schreit er. Dabei springt er hoch. Er schlägt seinem Vater den Wurm aus der Hand. Das Boot kippt beinahe um. Der Wurm liegt am Boden.

„Bist du verrückt?“, schreit der Vater.

Linnea heult. Anna hat aufgehört zu rudern.

Für eine Weile sind alle ganz still.

Dann sagt Linnea: „Gib mir mal die Angel. Linni will schwimmen lernen.“

Magnus reicht Linnea die Angel.

„Linni, du brauchst keine Angst zu haben“, sagt sie. Sie sticht den Haken der Angel durch Linnis rosafarbene Jacke. Nun hängt die Puppe an der Angel.

Vorsichtig lässt Linnea Linni ins Wasser hinab.

„Da staunt ihr, was?“, sagt sie zu den anderen.

Aber dann staunt Linnea selbst. Die Puppe hat sich nämlich von der Angel gelöst. Sie treibt langsam im Wasser davon.

„Linni ertrinkt!“, schreit Linnea. „Papa, du musst Linni retten!“

„Ich kaufe dir eine neue Puppe“, sagt der Vater. Er bleibt im Boot sitzen. „Was du auch immer für Ideen hast, Linnea.“

Da macht es „platsch“. Magnus ist ins Wasser gesprungen. Er schwimmt, so schnell er kann, zu Linni hin.

Linni treibt immer weiter vom Boot weg. Doch Magnus gibt nicht auf.

„Halte durch, Linni! Magnus rettet dich!“, schreit Linnea aufgeregt.

Endlich greift er Linnis Jacke. Anna rudert aufgeregt zu Magnus hin. Der Vater zieht Magnus mit Linni ins Boot. Beide sind völlig durchnässt. „Du bist lieb“, sagt Linnea zu Magnus. Sie klatscht die ganze Zeit vor Freude in die Hände. Dann sieht sie ihren Vater an. „Du bist gemein“, sagt sie zu ihm. Wütend drückt sie das Wasser aus Linni.

Fortsetzung folgt

1. Anna, Magnus und Linnea sammeln Würmer.

a) Sieh dir das Bild genau an.
Was fehlt auf dem Bild?
Tipp: Lies noch einmal Seite 37 und Seite 38, Zeilen 8 bis 15.

b) Ergänze den folgenden Satz.

Auf dem Bild fehlt ein gelber ______________ .

c) Zeichne den fehlenden Gegenstand in das Bild.

d) Male nun den Rest des Bildes farbig aus.

2. Der Vater und die Kinder rudern zum Angeln auf den See.
Was geschieht auf dem Boot?
Ergänze die fehlenden Nomen.
Tipp: Die Buchstaben der fehlenden Nomen stehen in verkehrter Reihenfolge vor den Sätzen.

n e H k a	Der Vater nimmt den ____________ .
m r W u	Er will ihn durch den ____________ stechen.
d n H a	Magnus schlägt seinem Vater den Wurm aus der ____________ .

3. Weshalb schlägt Magnus dem Vater den Wurm aus der Hand?
Was wird ihm plötzlich klar?
Sprecht in der Klasse darüber.
Tipp: Lies noch einmal Seite 38, Zeilen 28 bis 31.

4. Linnea will Linni das Schwimmen beibringen. Was geschieht der Reihe nach?

a) Lies die Sätze.

b) Nummeriere die Sätze in der richtigen Reihenfolge.

[ ] Linnea sticht den Haken der Angel durch Linnis Jacke.

[1] Magnus reicht Linnea die Angel.

[ ] Vorsichtig lässt Linnea Linni ins Wasser hinab.

[ ] Magnus rettet Linni aus dem Wasser.

[ ] Plötzlich löst sich Linni von der Angel.

[ ] Linni treibt im Wasser davon.

c) Schreibe nun die Sätze in der richtigen Reihenfolge in dein Heft.

5. Linnea fleht den Vater an, Linni zu retten. Doch der Vater sagt nur, dass er eine neue Puppe für Linnea kaufen wird. Warum ist das keine Lösung für Linnea? Sprecht in der Klasse darüber.

6. Auf dem See hält Magnus die Angel.
Was gehört zu einer Angel?

a) Lies den folgenden Sachtext.

Die Angel

Der Angler hält die **Rute** mit einer Hand am **Griff** fest. An der Rute entlang verläuft die **Schnur.** Sie kann mit der anderen Hand über eine **Rolle** auf- und abgewickelt werden. Die Schnur hängt vom oberen Ende der Rute herab. Am Ende der Schnur sitzt der **Schwimmer.** Er schwimmt beim Angeln auf der Wasseroberfläche. Am Schwimmer befindet sich der **Haken** für den Köder.

b) Sieh dir die Angel auf Seite 45 genau an.
Wo befindet sich was?

c) Beschrifte nun das Bild.
Ergänze die fehlenden Buchstaben der Nomen.
Tipp: Alle Nomen kommen im Sachtext oben vor.

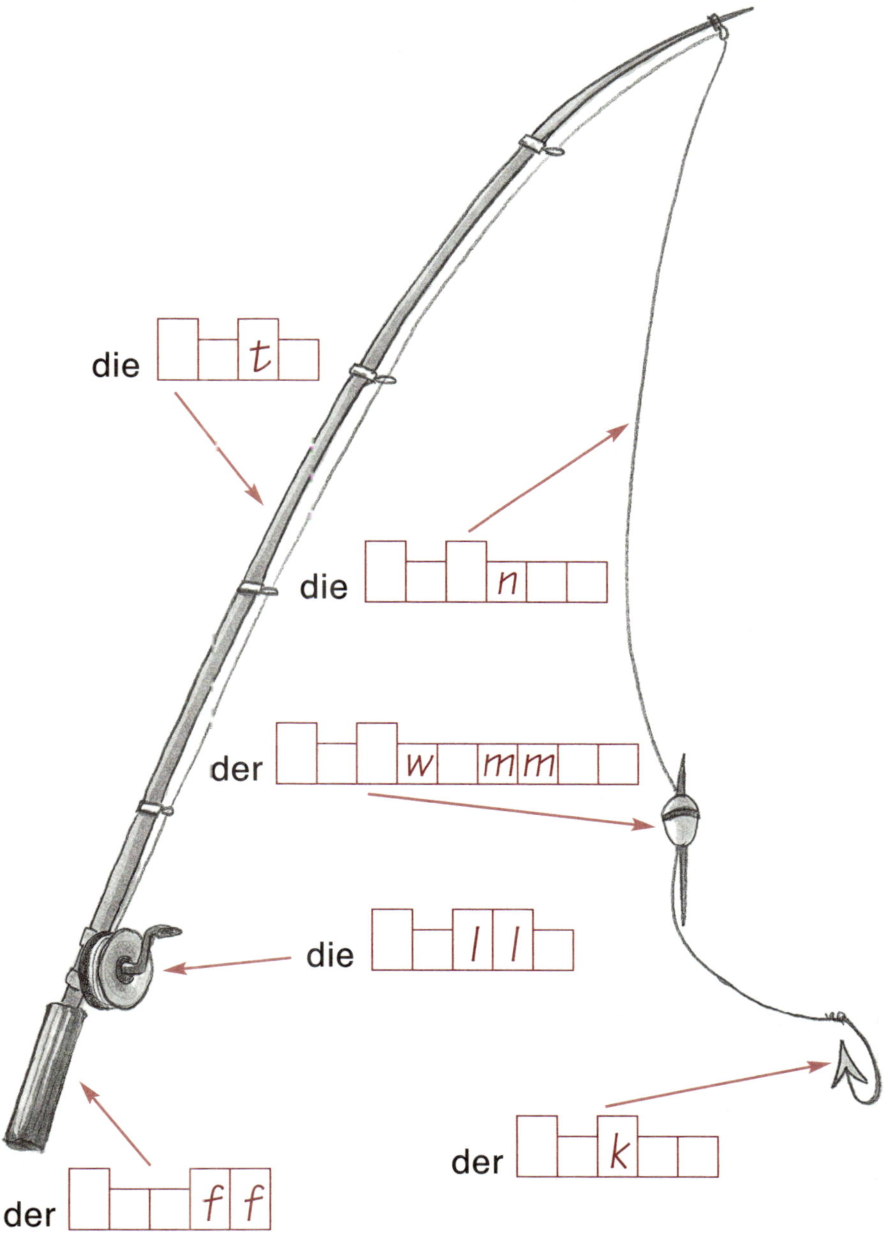
die t
die n
der w mm
die l l
der ff
der k

**7. Magnus soll lernen, wie man angelt.
Lies den folgenden Sachtext.**

Angeln

Zum Angeln braucht man eine **Angel** und einen **Köder.** Der Köder lockt die Fische an. Als Köder nimmt man zum Beispiel **Würmer.** Viele Fische mögen Würmer. Der Köder wird am **Haken der Angel** befestigt und ins Wasser gehalten. Dann wartet man, bis ein Fisch anbeißt. Da laute Geräusche die Fische vertreiben, sollte man möglichst leise sein beim Angeln. Wenn ein Fisch nach dem Köder schnappt, beißt er gleichzeitig in den Angelhaken. Der Angler kann dann seinen **Fang** ins Boot ziehen: Der Fisch ist geangelt.

**8. Beantworte die folgenden Fragen
mit vollständigen Sätzen.
Schreibe in dein Heft.**

a) Was braucht man zum Angeln?

b) Was macht man mit dem Köder?

9. Wo wird der Köder an der Angel befestigt? Kreuze an.

- ❑ am Griff
- ❑ am Schwimmer
- ❑ an der Rute
- ❑ an der Schnur
- ❑ an der Rolle
- ❑ am Haken

10. Auf dem Bild angeln zwei Personen.

a) Sieh dir das Bild genau an.

b) Was erfährst du durch das Bild über das Angeln? Kreuze die passenden Sätze an.

- ❑ Angeln ist eine sehr unruhige Tätigkeit.
- ❑ Angeln ist eine eher ruhige Tätigkeit.
- ❑ Angeln ist eine sehr laute Tätigkeit.
- ❑ Angeln ist eine eher leise Tätigkeit.
- ❑ Angeln ist schnell erledigt.
- ❑ Angeln braucht Zeit.

Kapitel 6

Als sie wieder zurück am Haus sind, zieht sich Magnus trockene Kleidung an. Linnea hängt die nasse Linni auf die Wäscheleine in die Sonne.

Danach fahren alle ins Dorf.

Sie halten zuerst an einer Telefonzelle an.

„Wir müssen Mama noch sagen, dass wir gut angekommen sind. Die wartet bestimmt schon auf unseren Anruf“, sagt der Vater. Er wählt die Nummer. „Wer will zuerst?“, fragt er.

Anna freut sich. „Papa will Mama anrufen“, denkt sie. „Und er ist *nicht* mit Irene in Urlaub gefahren.“

„Willst du nicht zuerst mit Mama sprechen, Papa?“, fragt Anna.

Aber der Vater sagt nur: „Nein danke, lass mal.“

Linnea will als Erste mit der Mutter telefonieren. Sie erzählt vom Angeln und wird immer lauter. „Dann wollte Herr Schulze Linni ertrinken lassen“, sagt sie plötzlich.

Der Vater greift nach dem Hörer. Aber er überlegt es sich im letzten Moment anders.

„Schade“, denkt Anna.

Nach Linnea ist Magnus an der Reihe. Er erzählt der Mutter aufgeregt, wie gut es ihm in Schweden gefällt.

„Es ist wirklich sehr schön hier, Mama. Kannst du nicht nachkommen?“, fragt schließlich Anna. Das wäre Annas größter Wunsch. Aber sie weiß die Antwort. Die Mutter muss ihre Fortbildung machen. „Willst du Papa noch sprechen?“ Anna lauscht gespannt.

„Nein, grüße ihn von mir“, sagt die Mutter. „Viel Spaß noch und bis bald.“ Sie legt auf.

Anna wird es nächstes Mal erneut probieren. Sie hofft sehr, dass ihre Eltern wieder zusammenkommen.

„Ich habe etwas für dich“, sagt Magnus.

Er hält Anna einen wunderschönen schwarzen Stein mit einer weißen Delle hin.

„Diesen Glücksstein schenke ich dir.“

Nun geht der Vater in die Telefonzelle.

Anna ahnt sofort, wen er anruft.

„Irene?“ Man hört seine Stimme bis draußen.

Die Kinder warten neben dem Auto. Anna hält ihren Glücksstein ganz fest.

Vaters Gespräch ist kurz. Er macht danach kein fröhliches Gesicht.

„Bestimmt hat Irene etwas Unfreundliches zu Papa gesagt“, denkt Anna. „Geht es Irene gut?“, fragt sie.

Der Vater sieht Anna nicht an. „Nein“, sagt er und schließt das Auto auf.

Annas Bauch zieht sich vor Aufregung zusammen.

„Ob Irene und Papa Streit haben?“, denkt sie.

Sie drückt ihren Glücksstein ganz fest. Sie sagt nichts mehr.

Anna weiß: Man darf mit dem Glück nicht drängelig sein.

Fortsetzung folgt

1. Anna fragt die Mutter, ob sie nach Schweden nachkommt.
Was hofft Anna sehr?
Beantworte die Frage
mit einem vollständigen Satz.
Tipp: Lies noch einmal Seite 49.

Anna hofft sehr, dass ____________________

____.

2. Magnus weiß, was Anna hofft.
Er schenkt der Schwester deshalb einen Stein.
Er soll ihr Glück bringen.
Wie sieht der Glücksstein aus?

a) Sieh dir den Stein genau an.

b) Ergänze nun den folgenden Satz.

Der Glücksstein ist ____________ (rot / schwarz) und hat

eine ____________ (schwarze / weiße) Delle,

eine kleine Vertiefung also.

3. Vaters Gespräch mit Irene dauert nur kurz. Er macht danach kein fröhliches Gesicht. Was denkt Anna deshalb? Kreuze an.

Anna denkt, dass

❑ Irene nach Schweden kommen will.

❑ der Vater Irene sehr vermisst.

❑ Irene etwas Unfreundliches zu ihrem Vater gesagt hat.

4. Anna vermutet, dass ihr Vater und Irene Streit haben. Warum vermutet Anna so etwas? Was denkt *ihr* über den Vater und Irene? Sprecht in der Klasse darüber.

5. Anna weiß: Man darf mit dem Glück nicht drängelig sein. So heißt auch der Titel dieses Buches. Was bedeutet der Satz wohl? Sprecht mit eurer Lehrerin oder eurem Lehrer darüber.

Kapitel 7

Auf der Fahrt vom Dorf zum Haus zurück sitzt Anna vorn neben dem Vater. Sie drückt immer wieder fest den Glücksstein. „Ich muss euch etwas erklären“, beginnt der Vater nach einer Weile.

„Bestimmt sagt Papa jetzt, dass er sich von Irene trennen will“, denkt Anna und lächelt.

„Wir bekommen Besuch“, sagt der Vater.

„Was?“, fragt Anna erschrocken. Sie spürt, wie alle ihre Hoffnungen vergehen. „Morgen kommt Friedrich mit dem Zug nach Schweden“, sagt der Vater. „Irene muss ins Krankenhaus.“

Am liebsten würde Anna laut schreien. Sie will nicht, dass Friedrich kommt. Aber was kann sie dagegen tun? Schreien hilft nicht. Also sagt Anna nichts mehr.

Am roten Haus hält der Vater an.

„Nun habe ich ganz vergessen, den Brief ans Reisebüro zur Post zu bringen“, sagt er beim Aussteigen. „Na, das werde ich dann morgen Nachmittag auf der Fahrt zum Bahnhof erledigen.“

Auf dem Weg ins Haus kommen Anna sehr gemeine Gedanken. „Vielleicht stirbt Irene ja. Dann wäre der ganze Ärger vorbei … Dann könnte Friedrich selbstverständlich zu ihnen kommen.“

„Was hat Irene denn?“, fragt Anna später in der Küche.

Sie versucht eine Dose zu öffnen.

Der Vater sieht Anna an. „Komm mal zu mir an den Tisch, meine Große“, sagt er.

Anna legt den Dosenöffner weg.

Der Vater soll ihre gemeinen Gedanken bloß nicht bemerken. „Ist es denn so schlimm?“, fragt sie deshalb ruhig. Sie geht zum Tisch.

Der Vater holt tief Luft. „Ich wollte es euch erst nach dem Urlaub erzählen. Doch nun muss es raus. Irene bekommt ein Kind von mir.“

„Was?“, schreit Anna. Hinter ihr fällt der Stuhl zu Boden. „Aber du hast doch uns!“

Anna ist wütend und traurig zugleich.

Der Vater starrt vor sich auf den Tisch.

„Es war ja auch gar nicht geplant“, sagt er leise.

„Aber es ist passiert. Wir freuen uns auf das Kind, Anna.“ Der Vater schaut Anna lange an.

Aber Anna kann sich nicht freuen.

„Sie soll sterben, diese blöde Kuh!“, denkt sie.

Dann rennt sie nach draußen. Wütend schleudert sie den Glücksstein weit in den Wald.

Fortsetzung folgt

1. Was sagt der Vater den Kindern im Auto?

a) Verfolge die vier verschiedenen Fäden von oben nach unten.
Lies dabei die einzelnen Satzteile.
Sie ergeben vier vollständige Sätze.

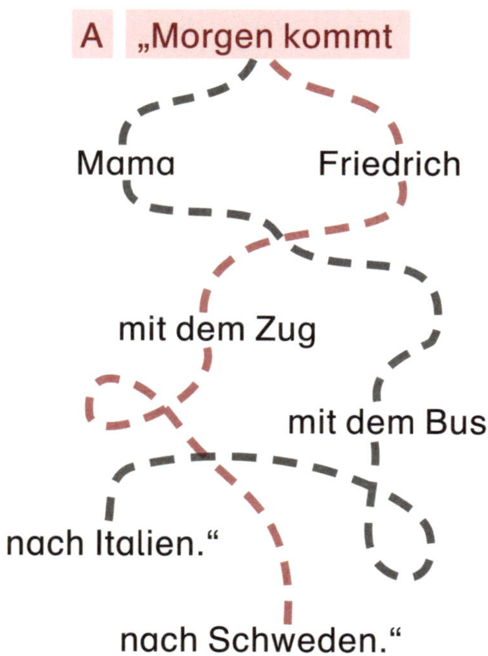

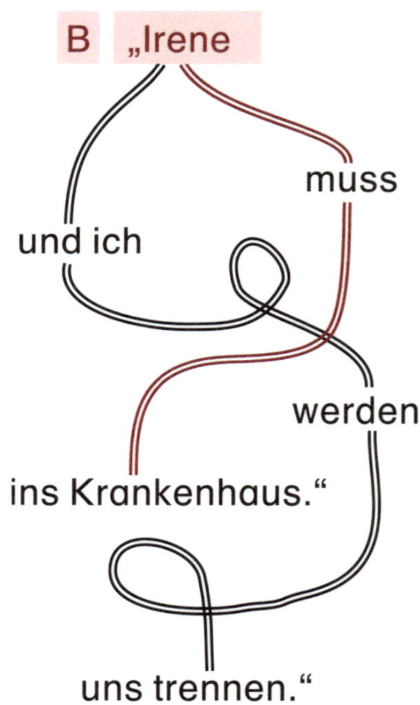

b) Welche beiden Sätze sagt der Vater?
Schreibe sie auf die Linien.

A „Morgen kommt ______________________
______________________________________“.

B „Irene ______________________________“.

2. Anna ist verzweifelt.
Sie denkt: „Vielleicht stirbt Irene ja."

a) Anna will nicht, dass der Vater die gemeinen Gedanken bemerkt. Wieso will sie das wohl nicht? Sprecht in der Klasse darüber.

b) Gemeine Gedanken helfen bei einem Problem nicht weiter. Sie zeigen nur, wie hilflos man ist. Was hilft dir, wenn du ein Problem hast? Sprecht in der Klasse darüber.

3. Um Friedrich kann sich zu Hause niemand kümmern. Deshalb kommt er nach Schweden. Stell dir vor, für dich könnte zu Hause längere Zeit niemand sorgen. Zu wem würdest du gern gehen? Schreibe einen vollständigen Satz auf die Linien.

4. Der Vater spricht mit Anna in der Küche. Was erfährt Anna? Die Satzteile der Antwort sind durcheinandergeraten. Schreibe sie in der richtigen Reihenfolge auf die Linie.
Tipp: Der Satzanfang ist farbig hervorgehoben. Am Ende des Satzes steht ein Punkt.

von mir.	ein Kind	bekommt	Irene

____

5. Welche dieser Nomen passen zu Annas Gefühlen am Ende von Kapitel 7? Kreise ein.

die Liebe
die Eifersucht
die Hoffnung
die Freude
die Traurigkeit
der Hass
die Wut
die Ratlosigkeit
die Hoffnungslosigkeit

Kapitel 8

Anna sitzt draußen auf einem großen Stein. Eine Träne kullert über ihr Gesicht. Sie fühlt sich allein. „Mama hat ihre Fortbildung und Papa sein neues Baby", denkt sie.
„Anna, komm ins Haus. Es gibt Abendessen!", ruft der Vater jetzt schon zum zweiten Mal. Doch Anna bleibt draußen. Das macht den Vater wütend.

Erst später geht Anna in die Küche. Der Vater packt sie bei den Schultern. „Was glaubst du eigentlich, wie ich mich fühle? Irene geht es schlecht. Ich mache mir Sorgen um sie und das Baby.“

Anna reißt sich los. Sie rennt wieder nach draußen. Papa soll sie in Ruhe lassen. Das Baby kann nichts dafür. Das sieht Anna ein. Aber das ändert nichts an ihrer Wut.

Magnus geht zu Anna und will sie trösten.

„Hau ab“, sagt sie.

Aber Magnus bleibt. Er hat etwas Wichtiges mit ihr zu besprechen. „Papa hat neue Tiere zum Angeln gekauft“, sagt er leise. „Die sehen so ähnlich wie Würmer aus. Die sind jetzt im Kühlschrank und frieren!“

„Das sind Maden“, sagt Anna. Sie findet Maden ekelig.

Aber Magnus will nicht, dass die Maden sterben. Linnea will das auch nicht.

Nach dem Abendbrot gehen die Kinder ins Bett. Der Schlafraum ist unter dem Dach. Nur das Bett vom Vater ist noch leer.

„Wir haben ein tolles Geheimnis, nicht wahr, Magnus?“, sagt Linnea leise im Dunkeln.

Anna ist neugierig. „Erzähl! Dann verrate ich dir auch mein Geheimnis.“

„Wir haben die Maden freigelassen“, flüstert Linnea. „Nur die leere Dose ist noch im Kühlschrank.“

Anna freut sich nicht über die geretteten Tiere. Sie freut sich, dass Linnea und Magnus den Vater reingelegt haben.

Jetzt ist Anna an der Reihe. Sie beugt sich zu Magnus und Linnea hinüber. „Irene bekommt von Papa ein Kind“, sagt Anna. „Deshalb kommt Friedrich.“

Magnus setzt sich ruckartig auf.

„Papa hat uns aber trotzdem noch lieb“, sagt er nach einer Weile, „und Babys sind doch niedlich.“

Anna schmeißt sich zurück ins Kissen. Magnus versteht sie auch nicht und Linnea ist einfach eingeschlafen. Erneut schießen Anna Tränen in die Augen.

Fortsetzung folgt

**1. Anna fühlt sich von den Eltern verlassen.
Was denkt sie?
Vervollständige den Satz in der Denkblase.
Tipp: Lies noch einmal Seite 59.**

Mama ______________________________

______________________ und Papa

______________________________________ .

**2. Der Vater tröstet Anna nicht.
Er hat andere Sorgen.
Um wen sorgt er sich?
Ergänze die fehlenden Buchstaben.**

Er sorgt sich um I _ _ _ _ und das B _ _ _ .

**3. Der Vater und Anna sind wütend.
Wie ist jemand, der wütend ist?
Spricht er eher leise oder laut?
Hört er seinem Gegenüber wohl gut zu?
Spielt in der Klasse „wütend sein“ vor.**

4. **Der Vater hat diesmal Maden statt Würmer zum Angeln besorgt.**

a) **Sieh dir die Bilder an.**

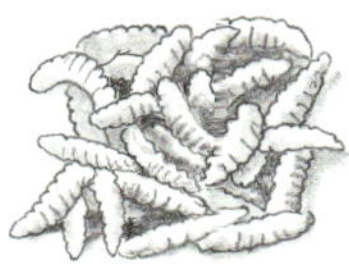

die Maden

die Würmer

b) **Lies den folgenden Sachtext.**

Maden und Würmer

Maden ähneln Würmern. **Würmer** schlüpfen aus Eiern. Die jungen Würmer wachsen und legen später selbst Eier. Daraus schlüpfen dann neue Würmer. **Maden** schlüpfen ebenfalls aus Eiern. Nach einiger Zeit wachsen den Maden Flügel. Sie werden dann zu **Insekten,** zum Beispiel zu Fliegen, Mücken, Schmetterlingen oder Käfern. Wenn diese Insekten dann Eier legen, schlüpfen wieder neue Maden. Man kann sowohl Würmer als auch Maden zum Angeln verwenden.

5. Was haben Würmer und Maden gemeinsam? Kreuze an.

- ❑ Würmer und Maden schlüpfen aus Eiern.
- ❑ Würmern und Maden wachsen später Flügel.
- ❑ Würmer und Maden kann man zum Angeln verwenden.

6. Maden werden zu Insekten.
Welche Insekten kennst du?
Schreibe die Namen der Insekten auf die Linien.
Tipp: Wenn du nicht weiterweißt, lies noch einmal den Sachtext auf Seite 63.

7. Welches Geheimnis verrät Linnea?
Vervollständige den Satz in der Sprechblase.
Tipp: Wenn du nicht weiterweißt, lies noch einmal Seite 61.

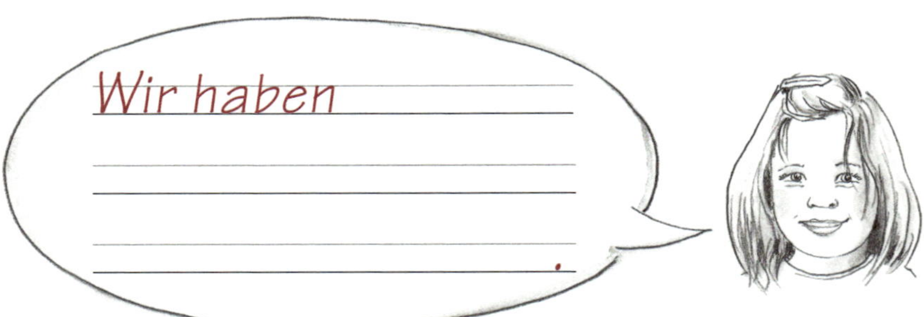

8. Welches Geheimnis verrät Anna?
Vervollständige den Satz in der Sprechblase.
Tipp: Wenn du nicht weiterweißt,
lies noch einmal Seite 61.

Irene ________________________________

______________________________________.

9. Magnus hört Annas Geheimnis.
Was sagt er darauf?
Zeichne den Rand der richtigen Sprechblase farbig nach.
Tipp: Wenn du nicht weiterweißt,
lies noch einmal Seite 61.

Papa hat jetzt nur noch das Baby lieb.

Papa hat uns aber trotzdem noch lieb.

Kapitel 9

Am nächsten Tag bemerkt der Vater die leere Dose im Kühlschrank. „Wo sind die Maden?“, fragt er verärgert. Er guckt die Kinder der Reihe nach an. Dann wendet er sich ab. Er will gar nicht wissen, wo die Maden sind.

Etwas später fahren die Kinder mit dem Vater zum Bahnhof.

Anna erkennt Friedrich sofort. Der Vater begrüßt ihn und nimmt seine Tasche. Friedrich darf im Auto vorn sitzen. Er ist nun der Älteste. Friedrich ist schon zwölf. Er braucht nicht mal ein Sitzkissen. Anna nimmt ihr Sitzkissen mit nach hinten. „Ich habe mir überlegt, dass Friedrich bei euch schläft“, sagt der Vater. „Ich ziehe nach unten aufs Sofa im Wohnzimmer.“ Darüber hat Anna noch gar nicht nachgedacht. Natürlich muss Friedrich irgendwo schlafen. Es gibt aber nur vier Betten unter dem Dach. Zum Glück steht das vierte Bett hinter einem Balken. So wird Anna Friedrich von ihrem Bett aus wenigstens nicht sehen. Als die Kinder abends im Bett liegen, hört Anna Friedrich. Er macht kleine, leise Schnaufer. Oder weint Friedrich etwa?

Am nächsten Morgen fahren alle gemeinsam zum See. Magnus hängt die Angel ohne Köder ins Wasser. Eine Zeitlang passiert nichts. Plötzlich schreit Linnea: „Da ist was an der Angel!“ Sie springt auf. Das Boot schaukelt hin und her. Jetzt sieht Magnus es auch. Sein Gesicht verzieht sich vor Schreck. Er versucht die Schnur aufzuwickeln. „Papa, hilf mir!“, ruft er.

Der Vater schnappt sich die Angel.

Kurz darauf zappelt der Fisch im Boot.

Schnell fasst der Vater ihn am Schwanz.

Dann schlägt er ihn fest gegen den Bootsrand.

Magnus schreit laut: „Nein, nein!“

Doch es ist zu spät. Magnus trommelt mit den Fäusten gegen Vaters Brust. Sein Heulen ist sicher bis zum Ufer zu hören.

Der Vater packt Magnus’ Hände. Er versucht ihn zu beruhigen. „Magnus, Fische sind doch zum Essen da“, sagt er. „Der Fisch hat bestimmt nicht gelitten. Er war sofort tot.“

Magnus wird ganz still. Er ist traurig.

Da meldet sich Linnea zu Wort. „Ich esse den aber nicht. Der hat ja gelebt.“

„Glaubst du, Fleischklößchen wachsen auf Bäumen? Die sind auch aus Fleisch von Tieren. Die waren mal Schweine“, sagt der Vater.

Linnea starrt ihren Vater an. „Was war denn Schokolade mal?“, fragt sie.

Da sieht Anna, wie Friedrich den Arm um Magnus’ Schultern legt. Auf den Gedanken hätte sie eigentlich auch kommen können.

Fortsetzung folgt

1. Wer sitzt auf der Rückfahrt vom Bahnhof vorn neben dem Vater? Beantworte die Frage mit einem vollständigen Satz.

2. Worauf ist zu achten, wenn man in einem Auto mitfährt? Lies den folgenden Sachtext.

Im Auto unterwegs

Der Fahrer und alle Mitfahrer in einem Auto müssen **während der Fahrt angeschnallt sein.** Dies dient der Sicherheit der Personen. Kinder müssen zusätzlich in einem **Kindersitz** oder auf einem **Sitzkissen** sitzen. Das gilt für alle Kinder, die noch nicht dreizehn oder weniger als ein Meter fünfzig groß sind.

3. Beantworte die folgenden Fragen zum Sachtext auf Seite 69.

– Wie müssen der Fahrer und alle Mitfahrer im Auto während der Fahrt gesichert sein?

Sie müssen ______________________________

______________________________________.

– Worauf ist bei Kindern zusätzlich zu achten?

Kinder müssen zusätzlich in ______________

____________________ oder auf __________

__________________________________ sitzen.

4. Du hast einiges über Friedrich erfahren. Kreuze die richtigen Antworten an.

a) Wie alt ist Friedrich?

❑ 10 ❑ 11 ❑ 12 ❑ 13 ❑ 14

b) Friedrich benötigt kein Sitzkissen. Was bedeutet das?

❑ Friedrich ist kleiner als ein Meter fünfzig.

❑ Friedrich ist größer als ein Meter fünfzig.

5. **Magnus hat einen Fisch an der Angel.
Plötzlich geht alles ganz schnell.
Der Vater tötet den Fisch
durch einen festen Schlag gegen
die Bootswand.**

a) **Was tut Magnus, als er das sieht?
Ergänze den Satz.**

Magnus ______________________________.

guckt weg und schweigt / schreit laut und heult

b) **Der Vater versucht Magnus zu beruhigen.
Er sagt: „Fische sind doch zum Essen da."
Wie findest du es, dass Menschen Tiere töten,
um sie zu essen?
Sprecht in der Klasse darüber.**

c) **Menschen, die keinen Fisch und kein Fleisch
essen, nennt man Vegetarier.
Gibt es Vegetarier in eurer Klasse?
Was essen Vegetarier? Und wie kochen sie?
Sprecht in der Klasse darüber.**

6. Welche der folgenden Lebensmittel sind aus dem Fleisch von Tieren hergestellt? Kreuze an.

☐ 
der Käse

☐ 
die Minisalamis

☐ 
das Schnitzel

☐ 
die Schokolade

☐ 
die Pommes frites

☐ 
das Fischstäbchen

☐ 
der Apfel

☐ 
die Fleischwurst

☐ 
die Fleischklößchen

☐ 
die Tomate

7. Magnus ist traurig.
Welches dieser Gesichter zeigt ein trauriges Gesicht?
Male es farbig aus.

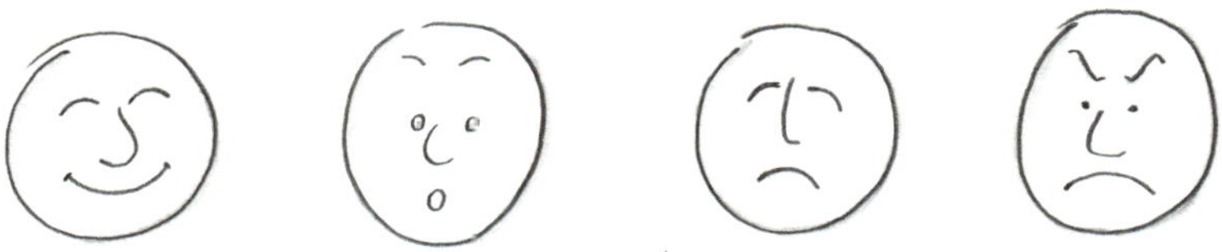

8. Friedrich tröstet Magnus.
Er legt den Arm um ihn.
Wie kann man traurige Menschen sonst noch trösten?
Sprecht in der Klasse darüber.

9. Was machst du, wenn du traurig bist?
Ergänze den Satz.
Tipp: Die Wortgruppen im Kasten helfen dir.

gehe ich zu … / bleibe ich gern allein /
spiele ich mit … / suche ich Trost bei … /
weine ich / lass ich mich von … trösten

Wenn ich traurig bin, ______________________

____.

Kapitel 10

Es regnet am nächsten Morgen in Strömen. Trotzdem spielen Magnus und Linnea draußen vor dem Haus im nassen Sand. Anna ist für solche Spiele schon zu alt. Sie hat eine bessere Idee. „Papa, ich gehe Pilze

sammeln!", ruft sie und nimmt einen Korb.

„Darf ich mitkommen?", fragt Friedrich leise.

„Kann ich dir ja wohl nicht verbieten", antwortet Anna unfreundlich. Aber sie wartet doch, bis er die Gummistiefel und die Regenjacke angezogen hat.

Anna geht voraus in den Wald. „Wege gibt es hier kaum. Aber Pilze wachsen sowieso nicht auf den Wegen“, sagt Anna.

Die beiden laufen zwischen den Bäumen tief in den Wald hinein. Der Regen wird weniger.

„Anna! Guck mal, hier!“, ruft Friedrich plötzlich.

„Das war mal ein Haus“, sagt er aufgeregt.

„Na und?“, brummt Anna.

Aber sie sieht sich die Reste der Mauern an.

„Hier haben mal Menschen gewohnt. Aber jetzt ist alles kaputt. Das ist doch traurig.“ Friedrich blickt Anna an.

Anna spürt, dass Friedrich mit ihr reden will.

„Na und“, sagt sie wieder böse.

„Ich kann doch auch nichts dafür!“, platzt es nun aus Friedrich heraus. „Du bist sauer auf mich, weil ich mit euch Urlaub mache. Aber wo sollte ich denn hin? Mein Vater ist auf einer Geschäftsreise.“

Friedrichs Augen füllen sich mit Tränen.

„Ich wünsche mir so sehr, dass sich meine Eltern wieder vertragen. Aber jetzt bekommt Mama das Baby. Außerdem liebt sie deinen Vater.“

Friedrich weint.

Anna wundert sich. Friedrich geht es genauso wie ihr.

Die beiden gehen zurück zum roten Haus.

Sie haben keine Lust mehr, Pilze zu suchen.

„Das Baby ist ein Junge. Er soll Jannis heißen“, sagt Friedrich zu Anna unterwegs.

Kurz vor dem Haus kommt Magnus den beiden entgegen. „Guck mal, Anna, was ich gefunden habe!“, ruft er. Er legt ihr einen Stein in die Hand.

Er ist schwarz und hat eine weiße Delle.

Anna drückt den Stein ganz fest. Diesmal wirft sie den Glücksstein bestimmt nicht wieder weg.

Plötzlich scheint die Sonne zwischen den Wolken hindurch.

Friedrich guckt auf Annas Hand. „Anna“, sagt er, „es gibt im Juli gar keine Pilze.“

Anna nickt. Sie weiß, warum Friedrich mit ihr in den Wald gehen wollte.

Fortsetzung folgt

**1. Anna will nicht mit den Kleinen im Sand spielen.
Sie hat eine bessere Idee.
Was will Anna unternehmen?**

a) Lies die beiden Sätze.

Anna will  sammeln.

Dazu nimmt sie einen  mit.

**b) Schreibe nun die Sätze auf die Linien.
Ersetze dabei die Bilder
durch die passenden Nomen.**

**2. Im Juli wachsen keine Pilze.
Das weiß Friedrich.
Warum will er mit Anna in den Wald gehen?
Vervollständige den Satz.
Setze die Anfangsbuchstaben richtig ein.**

i F w a r A

_ riedrich _ ill mit _ nna mal _ llein sein,

um mit _ hr zu _ eden.

3. Anna ist überrascht.
Sie und Friedrich haben ähnliche Gefühle.

a) Was wünscht sich Friedrich?
Ergänze den Satz.
Tipp: Lies noch einmal Seite 76.

Friedrich wünscht sich sehr, dass sich seine

____.

b) Weißt du noch, was Anna hofft?
Schreibe den vollständigen Satz auf die Linien.
Tipp: Lies noch einmal Seite 49.

____

____.

4. Friedrich erzählt Anna, dass das Baby im Bauch seiner Mutter ein Junge ist.
Wie soll das Baby heißen?
Vervollständige den Satz.

Jan / Janina / Jonas / Jannis / Jule

Das Baby soll ______________ heißen.

Kapitel 11

Am Nachmittag regnet es wieder. Der Vater liest im Wohnzimmer Zeitung. Die Kinder spielen in der Küche „Mensch ärgere dich nicht". Linnea meckert: „Ich will lieber mit den kleinen Häuschen spielen." „Du meinst Monopoly", sagt Anna.

„Das haben wir nicht mitgenommen“, ergänzt Magnus.

Da stöhnt Friedrich auf und guckt Linnea an. „Mist, du kannst mich ja rausschmeißen!“

Das tut Linnea dann natürlich sofort. Sie kichert zufrieden. An Monopoly und die Häuschen scheint sie schon nicht mehr zu denken.

Friedrich zwinkert Anna zu.

Anna lacht. „Mit Kindern kannst du gut umgehen“, sagt sie.

Erst spätabends hören sie auf zu spielen.

Bald darauf liegen die vier in ihren Betten. Anna wälzt sich hin und her. Sie ärgert sich auf einmal, dass sie Friedrich nicht sehen kann. Sein Bett steht hinter dem Balken. „Wenn man weiß, dass es Jannis heißt, ist es fast schon ein Mensch“, sagt sie leise in Friedrichs Richtung. „Auch wenn es noch nicht auf der Welt ist.“

„Ja, finde ich auch“, meint Friedrich. „Unsere Eltern hätten den Namen noch nicht verraten sollen.“

„Wer soll Jannis heißen?“, fragt Magnus.

„Na, das Baby in Irenes Bauch“, erklärt Anna. „Wenn es geboren wird, ist das unser Halbbruder. Friedrichs Halbbruder ist es natürlich auch.“

„Dann sind wir alle verwandt“, sagt Friedrich und seufzt.

„Seid leise!“, schimpft Linnea plötzlich. „Linni will schlafen.“ Linnea drückt die Puppe an sich.

„Ruhe da oben!“, ruft nun der Vater.

Anna würde gern noch mit Friedrich reden.

Sie überlegt. Wenn sein Bett neben ihrem stände, könnten sie noch flüstern. Aber dann findet sie die Idee doch nicht so gut. Schließlich ist Friedrich ein fremder Junge.

Aber das kann sich ja noch ändern.

Fortsetzung folgt

1. Die Kinder spielen gemeinsam ein Spiel.

a) Sieh dir die Spiele genau an.
Welches Spiel spielen die Kinder?
Kreise ein.

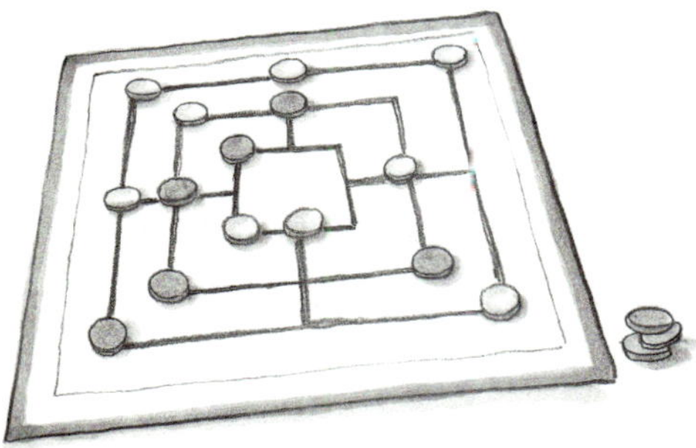

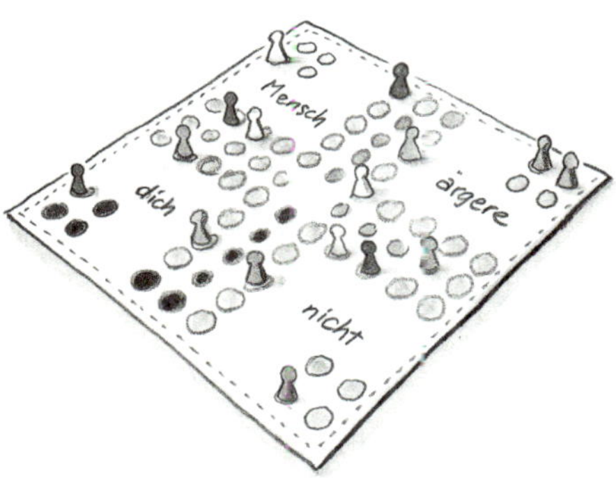

b) Trage nun den Namen des Spiels
in die Kästchen ein.

**2. Wer ist mit wem verwandt?
Wer ist nicht mit den anderen verwandt?**

**a) Verbinde die Namen
mit den passenden Satzteilen,
sodass die Aussagen der Sätze stimmen.**

Magnus	ist die Schwester von Linnea und Magnus.
Anna	ist der Bruder von Anna und Linnea.
Friedrich	ist die Schwester von Anna und Magnus.
Linnea	ist nicht mit Anna, Magnus und Linnea verwandt.

b) Schreibe nun die richtigen Sätze in dein Heft.

**3. Wer ist die Mutter des Babys?
Wer ist der Vater des Babys?
Vervollständige die Sätze.**

Vater / Mutter / der Vater / die Mutter

Friedrichs Mutter ist auch

______ ______________ von dem Baby.

Annas ______________ ist auch

______ ______________ von dem Baby.

**4. Das Baby ist mit allen Kindern verwandt:
mit Anna, Magnus, Linnea und
auch mit Friedrich.
Vervollständige den Satz.**

der Viertelbruder / der Drittelbruder /
der Halbbruder

Das Baby ist der □□□□□□□□□□

der Kinder.

Kapitel 12

Friedrich liegt am nächsten Morgen mit einem Tierbuch unter dem Apfelbaum im Garten. „Wenn ich mal groß bin, möchte ich in einem Zoo arbeiten“, sagt er zu Anna. „Hört sich spannend an“, sagt Anna. „Für Magnus wäre das auch etwas“, fährt Friedrich fort. „Der versteht viel von Tieren.

Wir drei könnten ja gemeinsam einen Zoo aufmachen, einen Zoo, in dem sich die Tiere wohlfühlen."

Anna ist begeistert. „Vielleicht hier in Schweden", schlägt sie vor. Sie guckt vom Schuppen zum Haus und zum Waldrand. Hier könnte man bestimmt hundert glückliche Tiere halten.

„Für Linnea gibt es sicher auch was zu tun", sagt Friedrich. „Wenn sie erst mal größer ist …"

Da kommt der Vater angefahren. Er war zum Telefonieren im Dorf. Er ruft Anna und Friedrich zu sich. „Kinder, ich habe eine schlechte Nachricht", sagt er zu den beiden. „Wir müssen nach Hause fahren. Irene braucht mich. Ich kann sie nicht länger alleinlassen."

Anna ist sofort wütend. Sie schreit: „Du bist gemein! Immer nur Irene! Und was ist mit uns? Wir wollen hier nicht weg!"

Der Vater holt aus.

Anna spürt, wie die Ohrfeige im Gesicht brennt. Das ist die erste Ohrfeige in ihrem Leben.

Annas Wut wird noch größer. Sie rennt zum Wald und verschwindet zwischen den Bäumen.

Dicke Tränen laufen über Annas Gesicht. Sie rennt immer weiter. Nach einer Weile kommt sie an das zerstörte Haus. Sie setzt sich auf die Steinmauer.

„Alle sind so gemein“, denkt Anna.

Plötzlich hört sie leise Schritte auf dem Waldboden.

„Anna?“ Es ist Friedrich. „Ich habe mir gedacht, dass du hier bist.“

„Hau ab!“, faucht Anna. Sie will nicht mit Friedrich reden. Er und seine Mutter sind schließlich an allem schuld.

„Ich möchte doch auch hierbleiben“, sagt Friedrich. „Aber ich habe auch Angst um meine Mama.“

„Dann fahr doch zu ihr. Und Papa soll auch ruhig fahren. Er hat euch sowieso lieber als uns!“

Anna weint immer noch.

Friedrich setzt sich neben sie.

„Anna, du bist ungerecht.“ Friedrich spricht ruhig zu Anna. „Dein Papa muss sich entscheiden. Er muss demjenigen helfen, der ihn am meisten braucht. Jetzt braucht meine Mama deinen Vater mehr als du ihn. Dein Papa kann es nicht so machen, dass alle zufrieden sind.“

Anna schaut Friedrich lange an. Dann wischt sie sich die Tränen weg und steht auf.

Fortsetzung folgt

1. Der Vater hat eine schlechte Nachricht. Was sagt er zu Anna und Friedrich? Ergänze die Lücken in der Sprechblase.

sie nicht alleinlassen / geht es nicht gut / nach Hause fahren

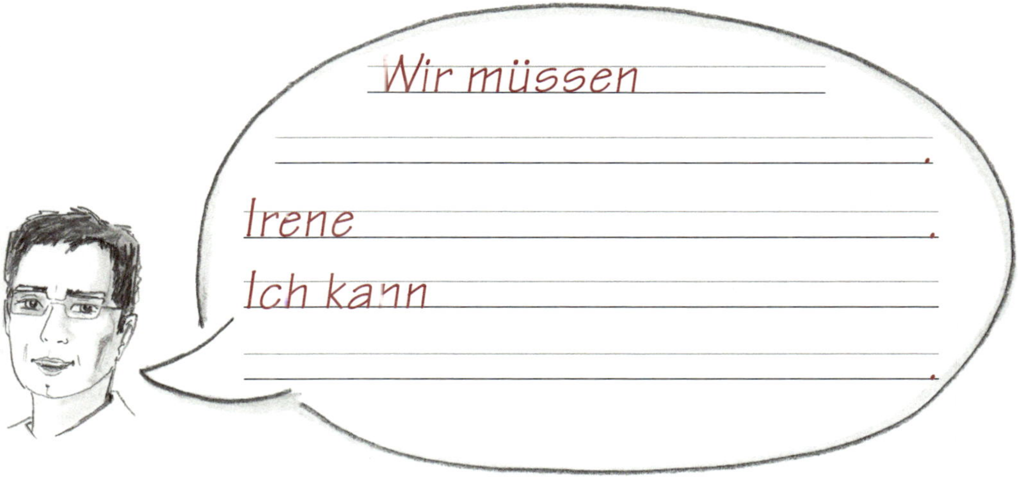

2. Anna hört die schlechte Nachricht. Wie fühlt sie sich? Kreise das passende Adjektiv ein. Tipp: Lies noch einmal Seite 87.

ängstlich stark klein durstig glücklich fröhlich wütend krank müde

3. Anna und ihr Vater haben Streit.

**a) Wie kommt es zu dem Streit?
Sprecht in der Klasse darüber.**

**b) Wie hätte das Gespräch anders
verlaufen können?
Spielt es in der Klasse vor.**

**4. Anna ist von ihrem Vater enttäuscht.
Friedrich kann Anna gut verstehen.
Aber er versteht auch Annas Vater.
Was erklärt Friedrich Anna?
Vervollständige die wörtliche Rede.
Tipp: Lies noch einmal Seite 88.**

zufrieden / Vater / entscheiden / meisten

„Dein Papa muss sich ____________________.

Er muss demjenigen helfen, der ihn

am ____________________ braucht. Jetzt braucht

meine Mama deinen ____________________ mehr als

du ihn. Dein Papa kann es nicht so machen,

dass alle ____________________ sind."

5. Friedrich will später mal in einem Zoo arbeiten. Welchen Beruf könnte Friedrich erlernen? Kreuze die passenden Berufe an.

- ☐ Kindergärtner
- ☐ Tierarzt
- ☐ Frisör
- ☐ Raumfahrer
- ☐ Bäcker
- ☐ Tierpfleger

6. Anna und Friedrich wollen einen Zoo in Schweden eröffnen. Welche Tiere sollten unbedingt in ihrem Zoo leben? Schreibe deine Vorschläge auf die Linien.

____

____

____

7. Wie sieht der Zoo wohl aus? Male den Zoo mit den Tieren auf ein großes weißes Blatt.
Tipp: Der Zoo soll in der Nähe eines Waldes und eines Sees liegen.

Kapitel 13

Anna wird ganz nass, als sie zum Auto geht. Friedrich sitzt schon vorn neben dem Fahrersitz. Er hat ein Tierbuch auf den Knien liegen. Linnea bewegt den Arm von Linni. Die Puppe winkt am offenen Fenster. „Tschüss, Apfelbaum. Tschüss, rotes Haus!“, ruft Linnea. Der Vater startet das Auto. Er fährt vorsichtig über die Hubbel aus Sand. Anna steigen die Tränen in die Augen. Sie blickt zurück. Sie sieht das rote Haus aber nur verschwommen. Sie spürt ihren Glücksstein in der Hosentasche. „Sehr viel hat er ja noch nicht geholfen“, denkt sie. „Aber ich wünsche mir, dass wir alle wieder hierher zurückkommen.“

Friedrich dreht sich zu Anna um. Er zwinkert ihr zu. Anna kann Friedrich nun gut leiden. Sie denkt an den Urlaub im nächsten Jahr. Jannis könnten sie nächstes Jahr auch mitnehmen. Aber dann müsste Irene mit. Ein Baby braucht seine Mutter. Am liebsten möchte Anna, dass ihre Mutter dann auch mitkommt. Sie drückt den Glücksstein in ihrer Hosentasche ganz fest. Dafür ist er schließlich da. Er soll dafür sorgen, dass alles gut wird.

„Hast du eigentlich den Brief ans Reisebüro eingeworfen?“, fragt Magnus den Vater.

Der schüttelt den Kopf. „Nein, und eine Beschwerde ist jetzt auch nicht mehr nötig“, sagt er. „Wir hatten es doch ganz nett in dem Haus. Vielleicht kommen wir sogar irgendwann wieder.“

Anna fasst mit der Hand in ihre Hosentasche. Sie hätte nicht geglaubt, dass der Glücksstein so schnell hilft.

Sie blickt aus dem Fenster. Noch fällt Regen. Aber schon bald reißen die Wolken am Himmel wieder auf.

Ende

1. Für Anna hat sich im Urlaub vieles verändert. Verbinde die Satzpaare, die zusammengehören.

Vor dem Urlaub:	**Nach dem Urlaub:**
Anna wollte nicht nach Schweden.	Anna kann Friedrich nun gut leiden.
Anna mochte Friedrich nicht.	Anna will wieder nach Schweden.
Anna will nicht mit Irene Urlaub machen.	Anna würde mit Irene Urlaub machen.

2. Auch für den Vater hat sich im Urlaub etwas verändert. Ergänze die passenden Satzanfänge.

Am Ende / Am Anfang

_____ _______________ des Urlaubs wollte sich der Vater beim Reisebüro beschweren.

_____ _______________ des Urlaubs kann er sich vorstellen, irgendwann wiederzukommen.

**3. Warum ist Anna nach dem Urlaub glücklicher als vor dem Urlaub?
Beantworte die Frage
mit drei vollständigen Sätzen.
Tipp: Die Wortgruppen im Kasten helfen dir.**

einen neuen Freund gewonnen /
hat der Urlaub in Schweden gefallen /
ist nicht mehr so eifersüchtig auf Friedrich
und Irene

Anna hat im Urlaub

Anna

**4. Der Titel des Buches heißt:
Man darf mit dem Glück nicht drängelig sein.
Hast du schon einmal Glück gehabt?
Erzähle in der Klasse davon.**

5. Anna hat einen Glücksstein.
Hast du auch einen Glücksbringer?
Zeige ihn in der Klasse.

6. Stell dir vor, du fährst in Urlaub.
Welche dieser Sachen packst du
in deinen Koffer?
Male sie farbig aus.

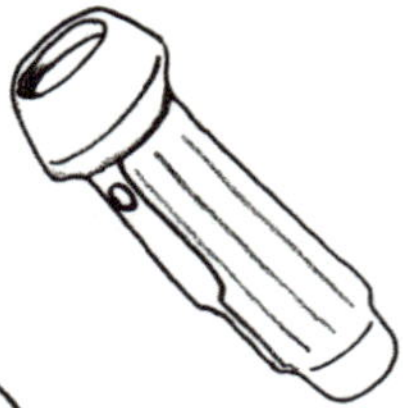

Lösungen

Man darf mit dem Glück nicht drängelig sein

Versuche immer erst, die Aufgabe selbst zu lösen. Vergleiche dann dein Ergebnis mit den Lösungen und Lösungsvorschlägen in diesem Heft.

Lösungen und Lösungsvorschläge zu den Aufgaben von Kapitel 1: 1

1. Die Personen von links nach rechts:

   Ich bin Annas **Bruder**.
   Ich heiße **Magnus**.

   Ich bin Annas **Mutter**.

   Ich bin Annas **Schwester**.
   Ich heiße **Linnea**.

   Ich bin **Anna**.

2. Hier können wir dir keinen Lösungsvorschlag machen.

3. **Linnea** ist vier Jahre alt.
   Magnus **ist sieben Jahre** alt.
   Anna ist **zehn Jahre alt.**

4. Diese Antwort könntest du angekreuzt haben.

   ☒ Die Mutter telefoniert mit dem Vater der Kinder.

5. Die Mutter und die Kinder spielen **Monopoly**.

6. Ihr fahrt **im Sommer mit Papa in Urlaub.**

7. Papa **hat doch jetzt eine Freundin.**

Lösungen und Lösungsvorschläge zu den Aufgaben von Kapitel 2: 2

1. Vor der Trennung haben sich die Eltern sehr oft gestritten. ☒ richtig

Nach der Trennung will Magnus nicht mehr in den Kindergarten gehen. ☒ richtig

Nach der Trennung sehen die Kinder den Vater nicht wieder. ☒ falsch

Nach der Trennung gab es zu Hause keinen Streit mehr. ☒ richtig

Nach der Trennung lernt der Vater eine neue Frau kennen. ☒ richtig

Nach der Trennung kümmert sich der Vater nicht mehr um seine Kinder. ☒ falsch

Nach der Trennung besuchen Anna und Magnus ihren Vater an den Wochenenden. ☒ richtig

2. a) und b)
Die Eltern von Anna, Magnus und Linnea waren früher ein **Paar.**
Sie hatten sich lieb und bekamen drei **Kinder.**
Nach einigen Jahren hatten sie immer häufiger **Streit.**
Sie konnten nicht länger zusammenleben, denn ihre **Liebe** reichte dazu nicht mehr aus. Sie trennten sich.
Nach der **Trennung** haben die Eltern ihre Kinder aber noch genauso lieb wie zuvor. Sie bleiben die **Eltern** von Anna, Magnus und Linnea.

3. Hier können wir dir keinen Lösungsvorschlag machen.

4. Diese Adjektive könntest du eingekreist haben:

unglücklich, wütend, machtlos, hilflos, eifersüchtig

5. a) Hier können wir euch keinen Lösungsvorschlag machen.

b) Zwischen Deutschland und Schweden liegt die **Ostsee**.

6. Hier können wir dir keinen Lösungsvorschlag machen.

7. a) und b) Hier können wir dir keinen Lösungsvorschlag machen.

Lösungen und Lösungsvorschläge zu den Aufgaben von Kapitel 3: 3

1.

Anna

Linnea

Magnus

2. Linnea sagt „**Herr Schulze**" zu ihrem Vater.

3. Hier können wir dir keinen Lösungsvorschlag machen.

4. Vergleiche deine Eintragungen.

eine Mitschülerin: **du**
einen Nachbarn: **Sie**
ein fremdes Kind: **du**

deine Tante: **du**
eine Lehrerin: **Sie**
deinen Vater: **du**

5. Die richtige Antwort ist:

☒ Ich mag keine Cola.

6. Sie lügt, weil die Cola von **Irene** ist.

7. Hier können wir dir keinen Lösungsvorschlag machen.

8. In Cola ist sehr viel **Zucker** enthalten.

Cola enthält **Koffein**.

Lösungen und Lösungsvorschläge zu den Aufgaben von Kapitel 4: 4

1. Hier können wir dir keinen Lösungsvorschlag machen.

2. Diese Sätze könntest du farbig unterstrichen haben:

In Märchen wird oft gezaubert.

In Märchen können sich Menschen in Tiere verwandeln.

In Märchen werden oft Wünsche erfüllt.

In Märchen geschehen oft unglaubliche Dinge.

3. Hier können wir dir keinen Lösungsvorschlag machen.

4. Hier können wir dir keinen Lösungsvorschlag machen.

5. **a)** Hier können wir dir keinen Lösungsvorschlag machen.

b) Das Haus sieht ~~unfreundlich~~ **freundlich** und ~~ungemütlich~~ **gemütlich** aus.

c) Das Haus sieht **freundlich** und **gemütlich** aus.

6. Die richtige Antwort ist:

☒ Er will damit sagen,
dass in der näheren Umgebung
des Ferienhauses nichts los ist.
Es gibt dort keine Geschäfte und
keine Nachbarn.

7. **a) und b)** Hier können wir dir keinen Lösungsvorschlag machen.

c) Hier können wir euch keinen Lösungsvorschlag machen.

8. So könntest du die Fragen beantwortet haben:

– Mit den Krallen **hält er sich am Baumstamm fest.**
– Mit dem Schnabel **schlägt er die Rinde des Baumes auf.**
– Mit **seiner langen, klebrigen Zunge fängt der Specht die Käfer.**

Lösungen und Lösungsvorschläge zu den Aufgaben von Kapitel 5: 5

1. **a)** Hier können wir dir keinen Lösungsvorschlag machen.

   b) Auf dem Bild fehlt ein gelber **Eimer.**

   c) und d) Hier können wir dir keinen Lösungsvorschlag machen.

2. Der Vater nimmt den **Haken.**
   Er will ihn durch den **Wurm** stechen.
   Magnus schlägt seinem Vater den Wurm aus der **Hand.**

3. Hier können wir euch keinen Lösungsvorschlag machen.

4. **a)** Hier können wir dir keinen Lösungsvorschlag machen.

   b) [2] Linnea sticht den Haken der Angel durch Linnis Jacke.

   [1] Magnus reicht Linnea die Angel.

   [3] Vorsichtig lässt Linnea Linni ins Wasser hinab.

   [6] Magnus rettet Linni aus dem Wasser.

   [4] Plötzlich löst sich Linni von der Angel.

   [5] Linni treibt im Wasser davon.

   c) Magnus reicht Linnea die Angel.
   Linnea sticht den Haken der Angel durch Linnis Jacke.
   Vorsichtig lässt Linnea Linni ins Wasser hinab.
   Plötzlich löst sich Linni von der Angel.
   Linni treibt im Wasser davon.
   Magnus rettet Linni aus dem Wasser.

5. Hier können wir euch keinen Lösungsvorschlag machen.

6. a) und b) Hier können wir dir keinen Lösungsvorschlag machen.

c)

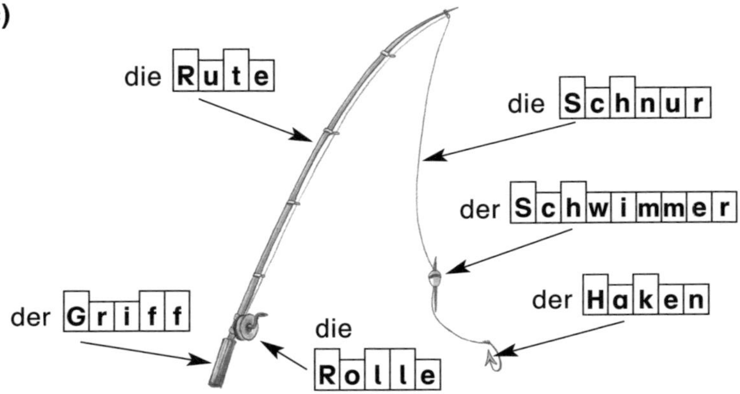

7. Hier können wir dir keinen Lösungsvorschlag machen.

8. So könntest du die Fragen beantwortet haben:

a) Zum Angeln braucht man eine Angel und einen Köder.

b) Der Köder wird am Haken der Angel befestigt
und ins Wasser gehalten.

9. Die richtige Antwort ist:

☒ am Haken

10. a) Hier können wir dir keinen Lösungsvorschlag machen.

b) Diese Sätze könntest du angekreuzt haben:

☒ Angeln ist eine eher ruhige Tätigkeit.
☒ Angeln ist eine eher leise Tätigkeit.
☒ Angeln braucht Zeit.

Lösungen und Lösungsvorschläge zu den Aufgaben von Kapitel 6: 6

1. Anna hofft sehr, dass **ihre Eltern wieder zusammenkommen.**

2. **a)** Hier können wir dir keinen Lösungsvorschlag machen.

   b) Der Glücksstein ist **schwarz** und hat eine **weiße** Delle, eine kleine Vertiefung also.

3. Die richtige Antwort ist:

   Anna denkt, dass
   ☒ Irene etwas Unfreundliches zu ihrem Vater gesagt hat.

4. Hier können wir euch keinen Lösungsvorschlag machen.

5. Hier können wir euch keinen Lösungsvorschlag machen.

Lösungen und Lösungsvorschläge zu den Aufgaben von Kapitel 7: 7

1. **a)** Hier können wir dir keinen Lösungsvorschlag machen.

   b) A Morgen kommt **Friedrich mit dem Zug nach Schweden.**
   B Irene **muss ins Krankenhaus.**

2. **a) und b)** Hier können wir euch keinen Lösungsvorschlag machen.

3. Hier können wir dir keinen Lösungsvorschlag machen.

4. Irene bekommt ein Kind von mir.

5. Diese Nomen könntest du eingekreist haben:

   die Eifersucht, die Wut, die Traurigkeit, der Hass, die Ratlosigkeit, die Hoffnungslosigkeit

Lösungen und Lösungsvorschläge zu den Aufgaben von Kapitel 8: **8**

1. Mama **hat ihre Fortbildung** und Papa **sein neues Baby.**

2. Er sorgt sich um **Irene** und das **Baby**.

3. Hier können wir euch keinen Lösungsvorschlag machen.

4. **a) und b)** Hier können wir dir keinen Lösungsvorschlag machen.

5. Die richtigen Antworten sind:

   ☒ Würmer und Maden schlüpfen aus Eiern.
   ☒ Würmer und Maden kann man zum Angeln verwenden.

6. Diese Insektennamen zum Beispiel könntest du aufgeschrieben haben:

   Fliegen, Mücken, Schmetterlinge, Käfer

7. Wir haben **die Maden freigelassen.**

8. Irene **bekommt von Papa ein Kind.**

9. Den Rand dieser Sprechblase könntest du farbig nachgezeichnet haben:

   Papa hat uns aber trotzdem noch lieb.

Lösungen und Lösungsvorschläge zu den Aufgaben von Kapitel 9:

9

1. Friedrich sitzt auf der Rückfahrt vom Bahnhof vorn neben dem Vater.

2. Hier können wir dir keinen Lösungsvorschlag machen.

3. Sie müssen **angeschnallt sein.**
   Kinder müssen zusätzlich in **einem Kindersitz** oder auf **einem Sitzkissen** sitzen.

4. a) Die richtige Antwort ist:

   ☒ 12

   b) Die richtige Antwort ist:

   ☒ Friedrich ist größer als ein Meter fünfzig.

5. **a)** Magnus **schreit laut und heult.**

   b) und c) Hier können wir euch keinen Lösungsvorschlag machen.

6. Die richtigen Antworten sind:

   ☒ die Minisalamis
   ☒ das Schnitzel
   ☒ das Fischstäbchen
   ☒ die Fleischwurst
   ☒ die Fleischklößchen

7. Dieses Gesicht solltest du farbig ausgemalt haben:

8. Hier können wir euch keinen Lösungsvorschlag machen.

9. Hier können wir dir keinen Lösungsvorschlag machen.

Lösungen und Lösungsvorschläge zu den Aufgaben von Kapitel 10: 10

1. **a)** Hier können wir dir keinen Lösungsvorschlag machen.

   b) Anna will **Pilze** sammeln.
   Dazu nimmt sie einen **Korb** mit.

2. **F**riedrich **w**ill mit **A**nna mal **a**llein sein, um mit **i**hr zu **r**eden.

3. **a)** Friedrich wünscht sich sehr,
   dass sich **seine Eltern wieder vertragen.**

   b) Anna hofft sehr, dass ihre Eltern wieder zusammenkommen.

4. Das Baby soll **Jannis** heißen.

Lösungen und Lösungsvorschläge zu den Aufgaben von Kapitel 11: 11

1. **a)** Dieses Spiel könntest du eingekreist haben:

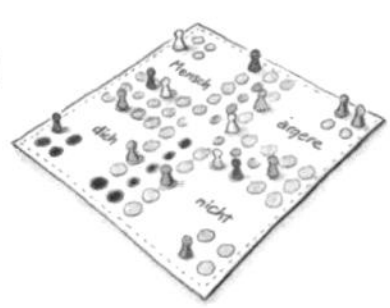

   b) Mensch ärgere dich nicht

2. **a) und b)**
   Magnus ist der Bruder von Anna und Linnea.
   Anna ist die Schwester von Linnea und Magnus.
   Friedrich ist nicht mit Anna, Magnus und Linnea verwandt.
   Linnea ist die Schwester von Anna und Magnus.

3. Friedrichs **Mutter** ist auch **die Mutter** von dem Baby.
   Annas **Vater** ist auch **der Vater** von dem Baby.

4. Das Baby ist der **Halbbruder** der Kinder.

Lösungen und Lösungsvorschläge zu den Aufgaben von Kapitel 12: 12

1. Wir müssen **nach Hause fahren.**
   Irene **geht es nicht gut.** Ich kann **sie nicht alleinlassen.**

2. Dieses Adjektiv solltest du eingekreist haben:

   wütend

3. **a) und b)** Hier können wir euch keine Lösungsvorschläge machen.

4. Dein Papa muss sich **entscheiden.**
   Er muss demjenigen helfen, der ihn
   am **meisten** braucht. Jetzt braucht
   meine Mama deinen **Vater** mehr als
   du ihn. Dein Papa kann es nicht so machen,
   dass alle **zufrieden** sind.

5. Diese Berufe könntest du angekreuzt haben:

   ☒ Tierarzt
   ☒ Tierpfleger

6. Hier können wir dir keinen Lösungsvorschlag machen.

7. Hier können wir dir keinen Lösungsvorschlag machen.

Lösungen und Lösungsvorschläge zu den Aufgaben von Kapitel 13: 13

1. Vor dem Urlaub: → Nach dem Urlaub:

Vor dem Urlaub:	Nach dem Urlaub:
Anna wollte nicht nach Schweden.	→ Anna will wieder nach Schweden.
Anna mochte Friedrich nicht.	→ Anna kann Friedrich nun gut leiden.
Anna will nicht mit Irene Urlaub machen.	→ Anna würde mit Irene Urlaub machen.

2. **Am Anfang** des Urlaubs wollte sich der Vater beim Reisebüro beschweren. **Am Ende** des Urlaubs kann er sich vorstellen, irgendwann wiederzukommen.

3. Anna hat im Urlaub **einen neuen Freund gewonnen.** Anna **hat der Urlaub in Schweden gefallen.** **Anna ist nicht mehr so eifersüchtig auf Friedrich und Irene.**

4. Hier können wir dir keinen Lösungsvorschlag machen.

5. Hier können wir dir keinen Lösungsvorschlag machen.

6. Hier können wir dir keinen Lösungsvorschlag machen.